eスポーツはじめて事典

1 eスポーツって、なに？

監修 筧 誠一郎

目次

“eスポーツ”の今までと今について

一般社団法人日本eスポーツ学会 理事長
東京都eスポーツ連合 会長
中央大学講師
筧《かけひ》 誠一郎《せいいちろう》

2018年は日本における「eスポーツ元年」といわれました。諸外国《しょがいこく》と比べて一般《いっぱん》層《そう》へのeスポーツの認知《にんち》が遅《おく》れた日本で一気にビジネス面や既存《きそん》メディアでの取り上げられ方が拡大《かくだい》した年となったのです。

みなさんは「eスポーツ」という言葉にどんなイメージを持つでしょうか。eスポーツはテレビゲームやパソコンゲームを使った競技全般《きょうぎぜんぱん》のことを指します。競技、というからには他者と競って勝敗がつくことになります。

「スポーツ」という言葉は時代とともに変化してきました。まだ人間が自然を相手に狩猟《しゅりょう》と採取を中心に生活していた時代は肉体で戦って強いものが集落で尊敬《そんけい》される存在《そんざい》であったことは想像に難《かた》くありません。そして個《こ》対個や集団対集団でどちらが強いのか競い合ううちに一定のルールが定められて「スポーツ」が広がっていきました。その後、近代になりモータリゼーションが起きるとモータースポーツが発展《はってん》しました。そして現代になりコンピューター社会に登場してきたのが「eスポーツ」(electronic sports) という見方ができます。

日本のeスポーツのターニングポイントとなった2018年を振《ふ》り返《かえ》りますと、まず2月に国内に3つあったeスポーツ団体が合併《がっぺい》して「日本eスポーツ連合」が発足。マスコミや官公庁《かんこうちょう》などの一本化された窓口《まどぐち》としてわかりやすく機能《きのう》し始めました。8月にはアジアオリンピック評議会《ひょうぎかい》が主催《しゅさい》する「アジア競技大会」でeスポーツがデモンストレーション競技として6種目が採用《さいよう》され、そのひとつである「ウイニングイレブン2018」で日本人ペアが金メダルを獲得《かくとく》しました。デモンストレーション競技ではありましたが、2022年の中国大会では正式競技化されることもあり、その存在《そんざい》がクローズアップされました。12

月には国内優勝賞金《こくないゆうしょうしょうきん》最高額となる100万ドル（約1億円）の大会が開催《かいさい》されて大きな話題をよびました。

そうした流れを受けて12月の「ユーキャン新語・流行語大賞」で「eスポーツ」という言葉がトップ10入りを果たし、eスポーツの認知《にんち》が飛躍的《ひやくてき》に高まった年となりました。

それは数字にも表れています。ある調査によると2018年の日本国内のeスポーツ市場規模《きぼ》はなんと対前年比約13倍の48.3億円とのことです。この市場の伸《の》びの要因の主なものは大企業スポンサーなどの増加によるものでした。多くの若者《わかもの》がeスポーツに熱中していることに気づいた数多くの一般企業《きぎょう》がこぞってeスポーツのテレビ番組をスポンサードしたり、eスポーツプロチームや大会のスポンサーになったりして一気に市場が広がりました。この市場の伸《の》びは2019年になっても衰《おとろ》えることを知らず、先ほど引用した調査の時に予測された伸《の》び率《りつ》を軽々と超《こ》えました。

けれども、さすがに2020年は新型コロナウイルスの影響《えいきょう》による経済《けいざい》の停滞《ていたい》で予測のようにはいかないと思われます。それでもeスポーツはフィジカルスポーツの多くが無観客や来場人数を絞《しぼ》って試合を行っているのに対して、オンラインでの試合を当たり前に行い動画サイトで視聴《しちょう》する事が可能です。また、国際大会などがオンラインで行われたり、今までオフラインで行われていたコミュニティイベントもオンラインに場所を移して普通《ふつう》に開催《かいさい》されていたりしているので、既存のフィジカルスポーツほどの影響《えいきょう》は受けていないようです。

本巻《ほんかん》ではeスポーツの成り立ちから今を見ることにより、eスポーツにおいて重要なものが何なのか、という一端《いったん》を知っていただけると思います。

巻頭《かんとう》トピックス

令和時代は eスポーツが盛《も》り上《あ》がる

古くて新しい『eスポーツ』

誰《だれ》もが手軽に楽しむことのできる「テレビゲーム」を使って、個人《こじん》やチームが得点《とくてん》を競《きそ》ったり、勝敗を争ったりする競技《きょうぎ》のことを『e スポーツ』と呼《よ》びます。

『e スポーツ』という呼《よ》び方は、1999 年頃《ごろ》に韓国《かんこく》ではじまったといわれていますが、以後『e スポーツ』は世界中に広がり、今ではいろいろな『e スポーツ』の世界大会が開《かい》催《さい》されるほどの人気になっているのです。

e スポーツの原点が「テレビゲーム」にあるとすれば、その歴史《れきし》は比較的《ひかくてき》長いともいえますが、「テレビゲーム」が“スポーツ”として世界に認《みと》められ、『e スポーツ』という言葉が使われるようになったのは、このわずか 20 年程度《ていど》のことです。

『e スポーツ』は、古くて新しいスポーツだということができるでしょう。

短い期間で、人気が急上昇《きゅうじょうしょう》した『eスポーツ』!!

もともと「ビデオゲーム」自体が、世界中で人気でした。このため『eスポーツ』という新しい名称《めいしょう》が使われるようになる前から、eスポーツのプレーヤーや、観戦して楽しむ人たち（視聴者《しちょうしゃ》）は一定数いました。

それが『eスポーツ』として一定の市民権《しみんけん》を得たことで、ここ数年で人気が急上昇《きゅうじょうしょう》し、プレーヤーも、視聴者も増加傾向《ぞうかけいこう》にあり、今後さらに増《ふ》えるだろうといわれています。

eスポーツ視聴者数《しちょうしゃすう》の推移《すいい》

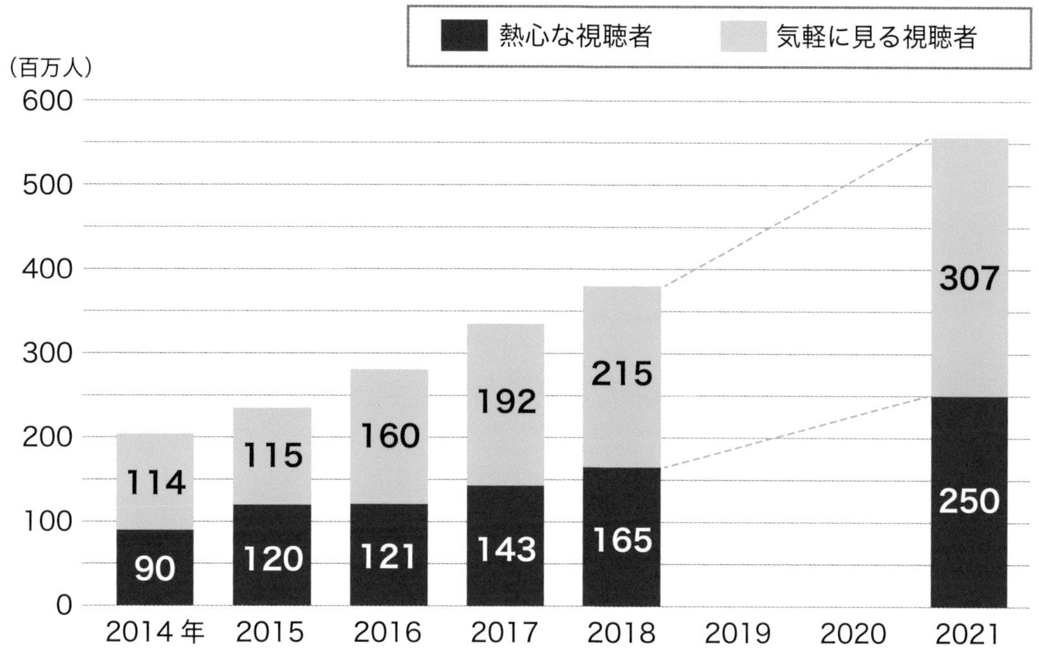

資料：GLOBAL ESPORTS MARKET REPORT 2016-18（Newzoo）

『eスポーツ』の競技《きょうぎ》人口はテニスと同じくらい多い!!

ある調査《ちょうさ》によれば、『eスポーツ』を競技《きょうぎ》する人の数は、世界中で約1億人いると推計《すいけい》されています。

これは、テニスの競技人口とほぼ同じです。世界的に人気の高いバスケットボールやサッカーに比《くら》べれば、まだまだ少ないですが、日本では比較的《ひかくてき》人気の高い野球などに比べると、『eスポーツ』の競技人口のほうが多いぐらいなのです。

スポーツ別世界の競技《きょうぎ》人口

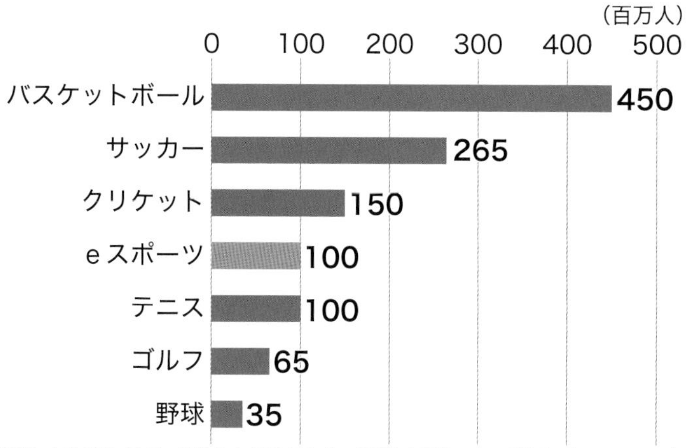

資料:LoLなどのeスポーツ含めた世界のスポーツ競技人口ランキング(Movilecenter.org)

eスポーツの大会会場は、超満員《ちょうまんいん》の観客で埋《う》めつくされる

野球にしろ、サッカーにしろ、大きな大会ともなると、野球場やサッカー場を超満員《ちょうまんいん》の観客が埋《う》めつくしている光景が、テレビなどで放映《ほうえい》されます。

最近では、e スポーツの大会会場などでも、こうした超満員の観客に埋めつくされるようになっているのです。

e スポーツの中でも、人気の高いオンラインゲーム「リーグ・オブ・レジェンド（LoL）」の 2019 年世界大会・決勝戦では、会場に多くの観客が詰《つ》めかけ、さらに大会の様子などがオンライン配信されると、2,180 万人以上の人々が視聴《しちょう》するなど、その人気は圧倒《あっとう》的《てき》です。

2019 LoL 世界選手権《せんしゅけん》 決勝

2019 年 11 月に、フランス・パリで、「リーグ・オブ・レジェンド」の世界チャンピオンを決める、決勝トーナメントが開催《かいさい》された。会場には何千人ものファンが詰《つ》めかけて、熱狂《ねっきょう》につつまれた。

第1章

eスポーツの成り立ち

1 そもそも“スポーツ”とは何か

スポーツとは、もともと“楽しむ”という意味

多くの人が、スポーツという言葉から、サッカーや野球、マラソンなどを想像《そうぞう》することでしょう。事実、国語の辞書などで「スポーツ」を調べると、「運動競技《きょうぎ》や登山などの総称《そうしょう》」などと書かれています。

しかし、この「スポーツ」という言葉は、もともとはラテン語の「deportare（デポルターレ）」が語源《ごげん》で、この言葉は「荷を担《にな》わない、働かない」といったような意味合いの言葉だったそうです。それがフランス語の「desporter（ディスポーター）」に転じて、「気晴らしをする、楽しむ」という意味で使われるようになり、英語の「sports（スポーツ）」になったといわれています。

つまり、スポーツとはもともとは「楽しむ」ことであったのです。

フィジカルスポーツとマインドスポーツ

さて今日《こんにち》では、スポーツという言葉は、一般的《いっぱんてき》に「運動競技《きょうぎ》」全般《ぜんぱん》を指す言葉として使われます。広辞苑《こうじえん》では、「遊戯《ゆうぎ》・競争・肉体的鍛錬《にくたいてきたんれん》の要素《ようそ》をふくむ身体運動の総称《そうしょう》」と説明されています。ここでは、“身体運動”であることがスポーツの条件《じょうけん》だということになります。

ところが1996年に、イギリスの教育コンサルタントであるトニー・ブザンが、バックギャモンというボードゲームを、「これはスポーツだ」といいはじめました。必ずしも身体的な運動を伴《ともな》わないものであっても、スポーツと呼《よ》ぶにふさわしい競技があると主張《しゅちょう》したのです。この考え方が、どんどん世界中に広がっていきました。

その中で身体的な運動を伴うスポーツと、身体的な運動を伴わないスポーツを区別するために、身体的な運動を伴わないものを「マインドスポーツ」と呼ぶようになりました。そして、マインドスポーツではない身体的な運動を伴うスポーツを、あえて「フィジカルスポーツ（フィジカルは身体的という意味）」と呼んで分けるようになったのです。

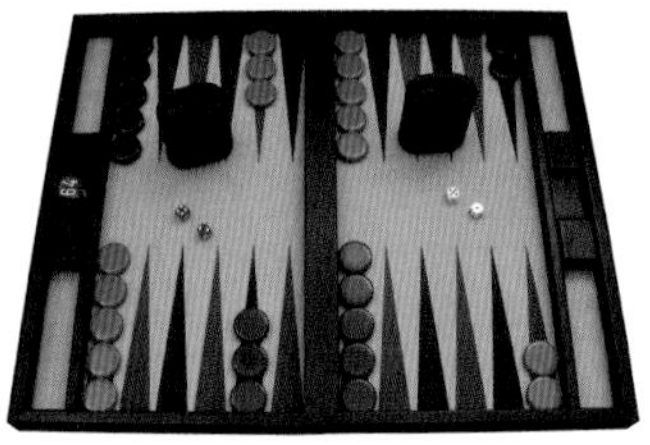

■バックギャモン

日本では「西洋すごろく」とも呼《よ》ばれるボードゲームのひとつ。

競技《きょうぎ》することが、スポーツの本質《ほんしつ》だ

このようにして、現代《げんだい》においてスポーツは、身体的運動を伴《ともな》わないものもふくむと考えるようになりました。ただし、運動を伴わなくとも“競技性《きょうぎせい》”がスポーツには不可欠です。つまり、スポーツとは、競技性があれば、スポーツであるということなのです。

「フィジカルスポーツ」は、サッカー、野球、バスケットボール、バレーボール、さらには陸上競技など身体を使った競技や、競技ではないけれども、ランニングやウォーキング、筋肉《きんにく》トレーニングなどの身体的運動全般《ぜんぱん》を指すようになっています。

これに対して、「マインドスポーツ」とは、頭脳《ずのう》を使って競技するものを指し、チェスや囲碁《いご》、将棋《しょうぎ》、ビリヤードなどもマインドスポーツに分類されています。

ちなみに、自動車レースやオートバイレースなどは「モータースポーツ」と呼《よ》ばれますが、これも、スポーツが“運動”という意味合いよりも、“競技”という意味合いを重視《じゅうし》しているのだと理解すれば、納《なっ》得《とく》できるのではないでしょうか。

スポーツの種目は幅広《はばひろ》い

囲碁《いご》やチェスなどの「マインドスポーツ」や、自動車レース、オートバイレースなどの「モータースポーツ」など、現在《げんざい》ではスポーツの種目は幅広《はばひろ》い。

チェス

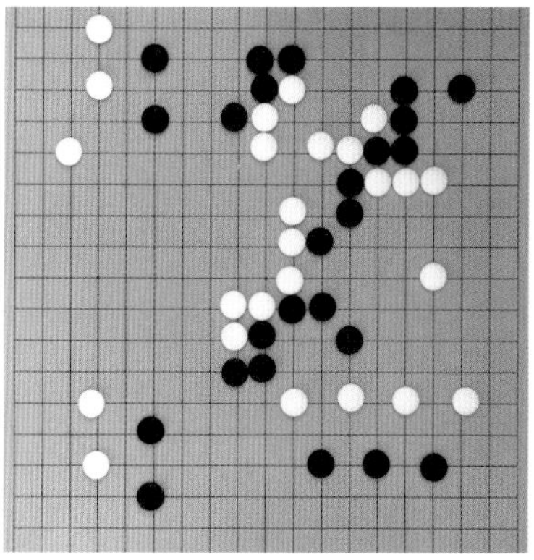
囲碁

自動車レース

オートバイレース

2　eスポーツとは何か

eスポーツの定義《ていぎ》

さて、スポーツとは“楽しむ”ものであり、“競技《きょうぎ》”であるということがわかったところで、eスポーツとはどういうものなのかを考えてみましょう。

eスポーツのeは、electronic（エレクトロニック＝電子的）の略《りゃく》で、eスポーツとは、「エレクトロニックスポーツ（電子的競技）」だということになります。

楽しみながら競技性のある、コンピューターゲームやビデオゲームなどのことをeスポーツと呼《よ》んでいるのです。競技性《きょうぎせい》があるビデオゲームとは、2人以上のプレーヤーが同じ条件《じょうけん》のもとで、得点《とくてん》を競《きそ》い合《あ》うタイプのゲームや、相手と戦って勝敗を決めるようなゲームのことであり、それらがeスポーツに当てはまります。逆《ぎゃく》にいえば、ひとりで楽しむだけで、得点を競ったり、相手と対戦したりできないタイプのゲーム、つまり競技性のないゲームはeスポーツにはなり得《え》ないということです。

テレビゲームでの2人プレーは一般的

テレビゲームの中でも、得点《とくてん》を競《きそ》い合《あ》ったり、勝敗を決めたりするようなものがeスポーツの種目になる。

eスポーツという1種類のゲームがあるわけではない

「eスポーツ」という表現《ひょうげん》は、いわば「陸上競技《きょうぎ》」という表現と似ています。

陸上競技というのは、短距離走《たんきょりそう》やマラソン、走り幅跳《はばと》びやハンマー投げなどのさまざまな競技の総称《そうしょう》であり、“陸上競技”というひとつの競技があるわけではありません。

eスポーツもこれと同じです。つまり、eスポーツというのは、いろいろなコンピューターゲームを使った競技の総称であり、eスポーツという名称《めいしょう》のひとつの競技（ゲーム）があるわけではありません。

今日では、多くの種類のゲームが、eスポーツとして世界中のプレーヤーに競技されており、人気の高いゲームタイトルの競技会では、優勝者《ゆうしょうしゃ》にはとても高額《こうがく》な賞金《しょうきん》が与《あた》えられるものも登場してきています。

具体的なゲームタイトルについては、第2巻《かん》で詳《くわ》しく取り上げています。

陸上競技《きょうぎ》は、ひとつの種目ではない

陸上競技に、走る(100m走など)、跳《と》ぶ(棒高跳《ぼうたかと》びなど)、投げる(やり投げなど)など、いろいろな競技種目があるように、eスポーツにもいろいろな種目（ゲーム）がある。

3 ビデオゲームはどのように発《はっ》展《てん》したか

ビデオゲームがeスポーツのはじまりだ！

ビデオゲームとは、コンピューターの機《き》能《のう》を利用して動作するゲーム全般《ぜんぱん》のことをいいます。コンピューターの機能を使ったゲームであることから、コンピューターゲームともいわれます。

日本では、テレビゲームという言葉のほうが聞きなれているかもしれません。これは、専用《せんよう》のゲーム機をテレビ受像《じゅぞう》機《き》につないで遊ぶビデオゲームのことを指します。

ビデオゲームは、このテレビゲームのほかに、専用《せんよう》の携帯端末《けいたいたんまつ》を使う携帯機ゲームや、ゲームセンターなどの施《し》設《せつ》に設置されているアーケードゲーム、さらにパソコンを使うPCゲーム（パソコンゲーム）、最近ではスマートフォンで遊ぶことのできるスマホゲームなどに分類されることもあります。（ここでは、原則《げんそく》として「ビデオゲーム」という表現《ひょうげん》を用いることにします。）

意外に古い？ビデオゲームの歴《れき》史《し》

世界で最初のビデオゲームが作られたのは、1962年だといわれます。アメリカのマサチューセッツ工科大学の大学院生が、シューティングゲーム「スペースウォー！」を開発したのが、はじまりだったようです。

この「スペースウォー！」にヒントを得《え》て、コインを入れて遊べるビデオゲームを開発したのが、アメリカのアタリ社というゲームメーカーでした。

しかし、「コンピュータースペース」という名前で発売された、世界最初のコイン式ゲーム機（いわゆるアーケードゲームの最初です）は、1971年に売り出されたのですが、あまり人気は出ませんでした。

その次に、アタリ社が開発したのがテーブルテニスゲーム「ポン」です。このゲームは大ヒットし、日本でもデパートの屋上やボーリング場のゲームコーナーにおかれていました。

その後、アメリカでは数々のゲームが作られ、日本では、1978年に「スペースインベーダー」が開発されて大ヒットしました。スペースインベーダーの登場は、現在の「ゲームセンター」の原型《げんけい》である「インベーダーハウス」（スペースインベーダーだけをおいた施設）を生み出しました。

さらに、パーソナルコンピューター（パソコン）が現れ普及したことで、「ビデオゲーム」はアーケードだけではなく、家庭の中にも入っていくことになったのです。

日本でのeスポーツ発展《はってん》に関する主なできごと

1971年	「コンピュータースペース」発売
1972年	アタリ社「ポン」を発売 マグナボックス社「オデッセイ」（世界初の家庭用テレビゲーム機）を発売
1976年	アタリ社がブロックくずしゲーム「ブレイクアウト」を発売。ブロックくずしがブームになる
1978年	タイトー「スペースインベーダー」を発売。大人気となり、インベーダーハウスというゲームセンターの原型《げんけい》となる施設《しせつ》ができた
1983年	任天堂「ファミリーコンピュータ」を発売 ゲームソフト「マリオブラザース」が人気に
1985年	ゲームソフト「スーパーマリオブラザース」が人気に ハドソン全国キャラバンがスタート
1987年	ゲームセンターで「ストリートファイター」が人気に
1990年	任天堂「スーパーファミコン」を発売
1991年	ゲームセンターでは格闘《かくとう》ゲーム「ストリートファイターII」が人気に
1994年	ソニーが「プレイステーション」を、セガが「セガサターン」をそれぞれ発売
1996年	任天堂「NINTENDO64」を発売
1997年	セガサターン版《ばん》「デッドオアアライブ」を発売。アーケードゲームとしては、前年に稼動《かどう》している。 プレイスステーション版「グランツーリスモ」を発売。この年、後にｅスポーツ・タイトルとして長く続く２つのゲームタイトルが人気となった
2002年	マイクロソフト「Xbox」を発売
2003年	対戦型格闘ゲームのｅスポーツ大会『闘劇《とうげき》』の第１回が開催《かいさい》される
2005年	マイクロソフト「Xbox360」を発売
2006年	ソニー「プレイステーション3」、任天堂「Wii」を発売
2010年	梅原大吾《うめはらだいご》（ウメハラ選手）が日本人初のプロ格闘ゲーマーとなる
2012年	任天堂「Wii U」を発売
2015年	任天堂「Wii U」用のゲームタイトルとして、対戦型シューティングゲーム「スプラトゥーン」を発売。日本はもちろん、海外でも人気のゲームとなった
2018年	日本におけるｅスポーツの振興《しんこう》を目的に、日本ｅスポーツ連合（JeSU）が発足。プロライセンスの認定《にんてい》などを行う

日本初は“テニス”ゲームだった

世界で最初の家庭用テレビゲーム機は、1972年にアメリカで発売された「オデッセイ」というゲーム機です。10種類のゲームが楽しめたようです。

日本初の家庭用テレビゲーム機が登場したのは、1975年のことでした。日本の玩《がん》具《ぐ》メーカーであるエポック社が、「テレビテニス」というゲーム機を発売したのです。今日では、家庭用テレビゲーム機は、カートリッジなどを取《と》り替《か》えることで、いろいろなゲームを楽しめますが、「テレビテニス」は、その名の通り、ボールをラケットに見立てたカーソルで打ち合う“テニス”しかできませんでした。

その後、任天堂《にんてんどう》が1977年に15種類のゲームが内蔵《ないぞう》された「テレビゲーム15」というゲーム機を発売しました。さらに、そこから6年ほどを経《へ》た1983年に、任天堂が「ファミリーコンピュータ」を発売し、爆発的《ばくはつてき》にヒットしたのです。

その後、日本ではセガ（セガサターンなど）、ソニー（プレイステーションなど）などいくつかのメーカーが家庭用テレビゲームを発売するようになりました。アメリカのマイクロソフト社が開発したXboxというゲーム機も日本で発売されました。

さらに任天堂は、1989年にゲームボーイという携帯型《けいたいがた》ゲーム機を発売し、家庭のテレビにつながなくても、ビデオゲームが楽しめるようになりました。

初期のテレビゲームは、とても単純なものだった

初期のころの「テニスゲーム」は、長方形のラケットを使って、
四角いボールを打ち合うという単純なものだった。

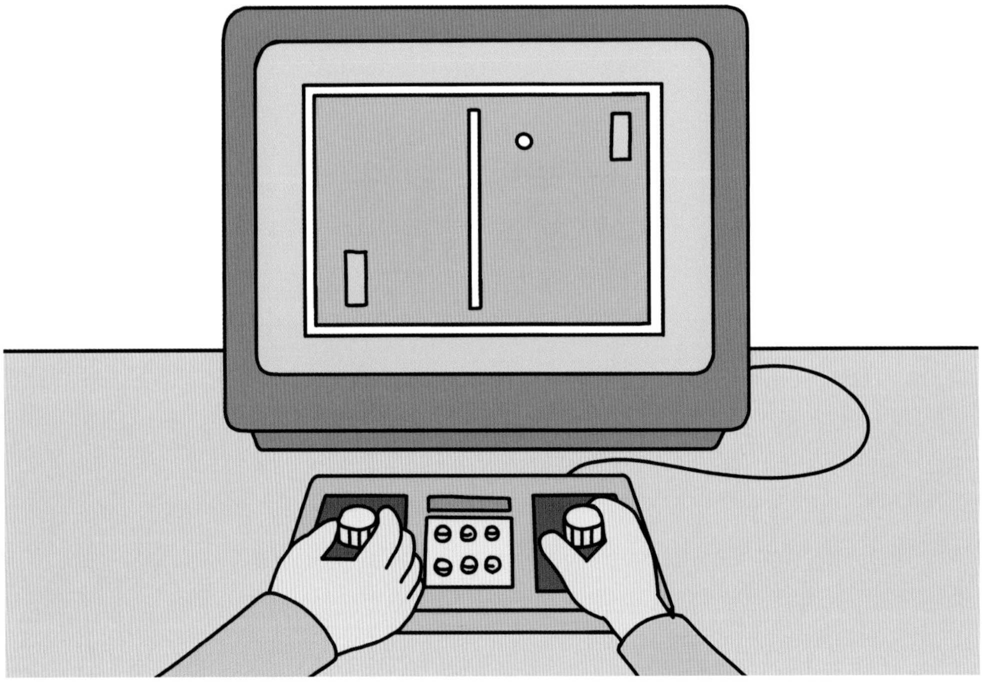

日本と海外ではゲームの発《はっ》展《てん》が異なっていた

アメリカやヨーロッパなどでは、ビデオゲームの発展《はってん》の仕方が、日本とは異《こと》なっています。

日本ではファミコンに代表されるような、専用《せんよう》の家庭用テレビゲーム機が中心的でしたが、アメリカやヨーロッパでは、いわゆるPCゲーム（パソコンゲーム）が主流となって発展していきました。

もちろん、専用の家庭用ゲーム機も販売《はんばい》され、爆発的《ばくはつてき》な人気となったものもありましたが、日本のように家庭用ゲーム機がずっと主流であり続けることはありませんでした。

パソコンのオンライン化で対《たい》戦《せん》型《がた》が人気に

ゲーム専用機《せんようき》ではなく、パソコンを使ったゲームが主流となったアメリカやヨーロッパでは、パソコン同士を通信ネットワークにつないで情報《じょうほう》をやりとりできるようになったことから、離《はな》れた場所にいるゲームプレーヤーが、同時にゲームをプレイできるようになっていきました。

こうした通信ネットワークの普及《ふきゅう》により、ビデオゲームがeスポーツとして世界中に広がっていくきっかけのひとつになっていったといえるのです。

欧米《おうべい》では、PCゲーム(パソコンゲーム)が主流だった

欧米《おうべい》では、早い時期からパソコンを使ったオンラインでの対戦ゲームが流行した。

4　eスポーツのはじまり

eスポーツの原点はLANパーティー

パソコンを通信ネットワークにつなぐ方法には、いろいろあります。現在《げんざい》ではインターネットが一般的《いっぱんてき》ですが、インターネットが登場する以前は、もう少し狭《せま》い範囲内《はんいない》に限定《げんてい》した通信ネットワークが一般的でした。

その狭い範囲の通信ネットワークの代表がLAN（Local Area Network：ローカルエリアネットワーク）というものでした。

欧米《おうべい》でPCゲームを楽しむ人たちの間では、このLANを利用してお互《たが》いのパソコンをつなぎ、ネットワーク上で一緒《いっしょ》にゲームを楽しむということが広く行われるようになったのです。これがいわゆるオンライン対戦です。

しかしLANは、個々《ここ》のLAN独自《どくじ》のルールによってネットワーク化されているため、ルールの異なるLANとはオンライン接続《せつぞく》することができません。そのため、PCゲームをオンライン対戦で楽しむため、同じLANの中に自分のパソコンを接続する必要がありました。つまり、ある特定のLANネットワークを使って、各自がパソコンをつなぎ、オンラインでゲームを楽しむようになったのです。これが「LANパーティー」といわれるようになりました。

LANパーティーは、世界各国で行われるようになりましたが、その中でも、歴《れき》史《し》も古く、規模《きぼ》の大きなイベントとしてはスウェーデンで開催《かいさい》される『ドリームハック』を挙げることができます。

もともとは、スウェーデンのある大学で、20人ほどのゲームプレーヤーが集まってLANパーティーを開いたのが始まりでした。1994年のことだといわれます。

こうしたLANパーティーが、現在のeスポーツの起源《きげん》のひとつであるということができるでしょう。

インターネットが発展《はってん》した今でも、LANパーティーは世界中で開催されて、多くの人が参加しています。日本でも『C４LAN』というイベントが2016年からスタートしています。

インターネットがあるのにもかかわらず、なぜ今でもLANパーティーが行われているかのといえば、LANパーティーは同じ会場で行われることが多く、インターネット上では顔も知らなかった人たちと実際に会うことができたり、世界中からの参加ではないことで、子どもやお年寄りなどが気軽に参加できたりすることがあります。また、地域活性化の手段のひとつとして、たとえば温泉町などで開催されることもあります。

■ドリームハック・オープン 2018 ライプチヒ大会

LANパーティーとして歴史のある『ドリームハック・オープン2018』が、ドイツ・ライプチヒで開催《かいさい》され、大勢の参加者で会場が埋《う》めつくされた。

『ドリームハック』が開催《かいさい》されている最中は、参加者によっては5～6時間も続けてゲームを楽しむために、参加者がゲームに熱中する席の後ろには、大量の飲み物や食べ物などが用意される。

アーケードゲームのイベント化

もうひとつのeスポーツの源流《げんりゅう》ともいえるものが、同じゲームを楽しむ仲間たちのコミュニティです。

最初のうちは小規模《しょうきぼ》で開催《かいさい》していた仲間だけのイベントが、やがて大きなイベントになったというものです。

日本でもよく知られ、主にアーケードゲームとして人気のあった「ストリートファイター」は、アメリカでも人気でした。1995年にはじまったストリートファイターのイベントは、当初40人程度《ていど》での開催でしたが、回を重ねるごとに参加者数が増加《ぞうか》し、2009年には1000人を超《こ》えるまでになりました。

2003年からは『EVO（Evolution Championship Series：エボリューション・チャンピオンシップ・シリーズ）』という略称《りゃくしょう》が用いられています。その後、『EVO』では、「ストリートファイター」だけでなく、「鉄拳《てっけん》」などのタイトルも取り上げるようになりました。

『EVO』では、大会に参加するためには参加費用が必要ですが、その参加費の一部が賞金に割り当てられることから、参加者が多ければ賞金額も高額になるという特徴《とくちょう》があります。「ストリートファイター」や「鉄拳」に代表されるように格闘《かくとう》ゲームにおいては、日本勢《ぜい》は強豪《きょうごう》で、プロゲーマーでもあるウメハラ選手が『EVO』ストリートファイターの優勝経験《ゆうしょうけいけん》もあるなど、eスポーツ・格闘ゲーム分野のトッププレイヤーとして活躍《かつやく》しています。

格闘《かくとう》ゲームは、世界中にプレーヤーがいる

アーケードゲームで人気の高かった格闘《かくとう》ゲームは、eスポーツの世界でも世界的に人気が高い。

タイトル：鉄拳7　発売元：バンダイナムコエンターテインメント
TEKKEN™7 & ©BANDAI NAMCO Entertainment Inc.

第2章

世界の主なeスポーツ大会

1 日本での eスポーツ大会のはじまり

全国各地を巡《めぐ》った ゲーム大会

「ボンバーマンシリーズ」や「桃太郎《ももたろう》電鉄シリーズ」など数々の大人気ゲームを開発した株式《かぶしき》会社ハドソン（2012年にコナミデジタルエンタテインメントに吸収《きゅうしゅう》）は、1985年に『ハドソン全国キャラバン』というイベントを開催《かいさい》しました。

これは、株式会社ハドソンが、夏休みの時期にあわせて、全国各地で実施《じっし》したゲーム大会イベントです。

日本におけるｅスポーツ大会の原型といってもいいかもしれません。1985年の第１回が開催されて以降《いこう》、2000年まで毎年開催されていました。

イベント名に“キャラバン”とあるように、このイベントは全国各地を回ってゲーム大会などのイベントが行われるのが特徴《とくちょう》でした。

初期の頃《ころ》は任天堂《にんてんどう》のファミリーコンピュータを使っていましたが、後にセガサターンやゲームボーイなどのゲーム機も使用するようになり、またビデオゲームだけでなくトレーディングカードゲームを取り上げるなど、イベントとしてはビデオゲームだけにとどまらない広がりを見せ、小・中学生を中心に大変な人気となりました。

また、1990～1992年には、香港《ほんこん》や台《たい》湾《わん》など会場を海外にも設《もう》け、「ワールドカップ」として開催したりするなど、日本国内にとどまらない活動を展開《てんかい》したのです。

対《たい》戦《せん》型《がた》格《かく》闘《とう》ゲームの ブームがやってきた!!

1987年にゲームセンターなどで稼動《かどう》をはじめた、カプコンの「ストリートファイター」はその４年後の1991年に稼動した「ストリートファイターⅡ」になって、大変な人気を博しました。その後、ゲームメーカー各社が対戦型格闘《たいせんがたかくとう》ゲームを開発するようになり、さらにブームを広げることとなりました。

そしてこうした対戦型格闘ゲームは、プレーヤーが楽しむだけでなく、その対戦を見て楽しむ観客も生みだしたのです。

ゲームのプレーヤーとそのプレーを楽しむ観客が増えていくことで、ゲームセンター主催《しゅさい》のゲーム大会が、全国で行われるようになりました。

また、当時のゲーム雑誌《ざっし》「ゲーメスト」（新声社）が主催した『ゲーメスト杯《はい》』というイベントが、1991年から1998年まで続けられました。「ストリートファイターⅡ」が稼動しはじめた1991年の時点で大会参加者は500人を超《こ》えていたといいます。

翌年《よくねん》の1992年に開催された『ゲーメスト杯 ストリートファイターⅡ ダッシュチャンピオンシップ』では、2,000人を超える参加者があったそうです。

しかし、一時期には人気を博した『ゲーメスト杯』も、主催であり、雑誌「ゲーメスト」を発行する出版社《しゅっぱんしゃ》が倒産《とうさん》の危機《きき》に陥《おちい》ったことなどもあり、1998年が最後の開催年となり、以降《いこう》は開催されていません。

2003年には対戦型格闘ゲームの全国規模《きぼ》の大会『闘劇《とうげき》』が開催されました。2003年に第1回大会が開催され、「スーパーストリートファイターⅡ X」や「ストリートファイターⅢ 3rd STRIKE」、「バーチャファイター4 エボリューション」などでトーナメントが争われました。

この『闘劇』も、2012年の第10回大会を最後に、現在《げんざい》は開催されていません。

国体「文化プログラム」でeスポーツを採用《さいよう》

日本では、2018～2019年にかけて、eスポーツの注目度が一気に高まりました。欧米《おうべい》などに比《くら》べれば、少し出遅《でおく》れた印《いん》象《しょう》はありますが、昨今では、注目度の高いeスポーツ大会・イベントなども開催《かいさい》されるようになっています。

ゲームメーカーが中心となって開催されるものや、日本でのeスポーツ推進のための団体《だんたい》である「日本eスポーツ連合(JeSU)」が中心となって開催されるイベントや大会などもあります。

また、2019年に開催された茨城《いばらき》国体において、eスポーツ大会『全国都道府県対《たい》抗《こう》eスポーツ選手権《せんしゅけん》2019 IBARAKI』が、文化プログラムの一環《いっかん》として開催されたことで、さらに注目が高まったといえるでしょう。

2019年に茨城《いばらき》国体の文化プログラムでeスポーツを取り上げた（写真提供:茨城県）

PlayStation®4版「グランツーリスモSPORT」などがゲームタイトルとして採用《さいよう》された。

2 世界のeスポーツ大会事情《じじょう》

PCゲームが中心の欧米《おうべい》から、イベント化が広がった

日本では、テレビゲーム専用機《せんようき》が普及《ふきゅう》する形で、ビデオゲーム人気が広がっていきました。しかし、欧米《おうべい》では、パソコンを使ったゲーム、いわゆるPCゲームが普及する形で、ビデオゲーム人気が広がっていきました。

もともとパソコンには通信ネットワークで、パソコン同士で情報《じょうほう》をやりとりできる仕組みがあることから、PCゲームであれば、別々のパソコン同士でも一緒《いっしょ》に競技《きょうぎ》することが可能《かのう》でした。

パソコン同士がつながることによって、人が集まることになりましたので、それがイベント化していきました。

つまり、仲間内でゲームを楽しむことを目的とした集まりの参加者が増加《ぞうか》し続け、大きなイベントになり、やがて、eスポーツの世界大会につながっていく流れを生み出したのです。

このように、パソコンをLANでつなぎ(18ページ参照《さんしょう》)、さらにインターネットでつないで対戦するという、ビデオゲームの楽しみ方は欧米が先行する形で広がっていったのです。

そのため、今日のeスポーツに関する世界大会なども、ヨーロッパやアメリカからはじまったものが多くを占《し》めています。

アジアのeスポーツ先進国、韓国《かんこく》・中国

ビデオゲームは、アジアでは、韓国《かんこく》や中国で、日本よりも早い時期にブームとなっていました。

韓国は、1997年に大きな経済危機《けいざいきき》があり、失業者なども多く、仕事につけない若《わか》者《もの》も多数いました。この経済危機からの脱《だっ》却《きゃく》のためにITを活用することに取り組みはじめ、「全家庭にパソコン1台普及《ふきゅう》」といった政策《せいさく》を打ち出し、またインターネットの普及に国をあげて取り組んだのです。

こうした取り組みの結果、韓国は世界的に見てもインターネットの普及率《ふきゅうりつ》が高くなりました。また、韓国も欧米《おうべい》の国々と同様に、PCゲームのほうが家庭用ゲーム機のゲームよりも広く使われていたために、“eスポーツを通信対戦で楽しむ”環境《かんきょう》が整うのが早かったということが、韓国がeスポーツ先進国になり得《え》た理由のひとつといえるでしょう。

ある調査《ちょうさ》によれば、日本のネットカフェは2007年時点で3,000店超《ちょう》あったといわれていますが、ほぼ同時期に韓国では約

20,000 店もあったといわれており、インターネットの普及の高さがわかります。また韓国では、年齢《ねんれい》が低いうちからPC房(PCバン＝ネットカフェのような場所）を利用することが一般的《いっぱんてき》になっており、住宅地《じゅうたくち》付近にあるPC房は、小学生の遊び場のようになっているところもあるようです。

さらに韓国は、「eスポーツ」という言葉を最初に使った国だともいわれています。2000年に韓国の文化観光部（当時。現在《げんざい》は「文化体育観光部」）という行政機関の長官が「eスポーツ」という言葉を使ったことで、一気にeスポーツが韓国国内に定着したともいわれています。

そして2012年には、eスポーツ振興《しんこう》に関する法律《ほうりつ》（eスポーツ法）が制定《せいてい》されるなど、国をあげてeスポーツを支援《しえん》しているのです。

中国では、2000年頃《ごろ》からオンラインゲームが普及しはじめましたが、オンラインゲームの普及から間もない2003年の時点で、中国の国家体育総局《そうきょく》がeスポーツを正式な体育種目として認定《にんてい》するなど、こちらも韓国に負けないぐらいに、早い時期からeスポーツへの取り組みを見せていました。

そもそも中国は人口が多く、eスポーツの参加人口は2億人超ともいわれており、世界中のeスポーツ参加人口の半分以上を中国が占《し》めているともいわれています。

また、アジア版《ばん》オリンピックともいわれる「アジア競技《きょうぎ》大会」、その2022年大会は、中国・杭州《こうしゅう》市で開催される予定ですが、この大会においてeスポーツが正式種目として採用《さいよう》されました。

さらに中国においては、eスポーツの将《しょう》来性《らいせい》を見込《みこ》んで、アリババという大手IT企業《きぎょう》の関連会社がeスポーツの世界大会を開催するといった企業側の取り組みもあり、韓国同様に多くの優秀《ゆうしゅう》なeスポーツプレーヤーを誕生《たんじょう》させているのです。

■世界規模《きぼ》のスポーツ大会で、eスポーツが当たり前になる日も近い

2022年の「アジア競技大会」では、
eスポーツが正式種目になった。

WCGが12万人動員のビッグイベントに成長

『ワールドサイバーゲームズ（World Cyber Games（WCG））』は、2000年にはじまったeスポーツのイベントです。アジア地域《ちいき》で開催《かいさい》されるeスポーツの世界的イベントとしては、最も歴史《れきし》のあるイベントのひとつといえます。2000年の第1回大会は韓国《かんこく》で開催され、世界から17カ国のチームが集まり、「フィファ2000（FIFA 2000）」や「スタークラフト（StarCraft）」などのPCゲームタイトルを使って、各チームが腕《うで》を競《きそ》いました。

以後、開催国などを変えながら毎年のように開催され、2011年時点では世界最大規模《きぼ》のeスポーツトーナメントだといわれるほどのビッグイベントに成長しました。

しかし『WCG』は、主催者側の都合もあって、2013年の大会を最後に開催が中《ちゅう》断《だん》していました。

そして2019年に、中国・西安《シーアン》で『WCG 2019』が開催され、その時は12万人もの観客を動員するほどの大人気イベントとなりました。

アメリカ・ヨーロッパのeスポーツ大会

アメリカでは、ゲームタイトルごとに、プロリーグが成立しているほどに、eスポーツがさかんです。シューティングゲームの1種である「オーバーウォッチ」や、プレーヤーがチームに分かれ互《たが》いの陣地《じんち》を攻撃《こうげき》または奪《うば》い合《あ》う「リーグ・オブ・レジェンド」などについて、そのゲームタイトルだけを競《きそ》い合《あ》う大会が実施《じっし》されています。

先に述べた『EVO』は、アメリカ発の対戦型格闘《たいせんがたかくとう》ゲームの世界的なビッグ・イベントですし、そもそもeスポーツのプレーヤーがプロとして活躍《かつやく》できるようになったという点でも、アメリカはかなり先進的であったといえます。

ヨーロッパにおいても、eスポーツは早くから注目を集めており、2003年には、フランスの企業《きぎょう》が大会運営《うんえい》を担当《たんとう》する『エレクトロニックスポーツワールドカップ（Electronic Sports World Cup（ESWC））』が開催《かいさい》されました。文字通り、この大会はeスポーツのワールドカップという位置づけで開催されています（現在《げんざい》は、『イースポーツワールドコンベンション（Esports World Convention（ESWC））』に改称《かいしょう》）。

日本人プレーヤーが、世界で活躍《かつやく》しはじめている

ここで取り上げた『WCG』や『ESWC』など、さらにはゲームタイトルごとに実施《じっし》されているプロリーグも、世界各国で国内の予選大会などを実施し、そこを勝《か》ち抜《ぬ》いてきた選手によって、世界大会が開催《かいさい》されるというスタイルが一般化《いっぱんか》しつつあります。

また、海外で人気となった大会が、日

本で開催されるようなケースもあります。『EVO』もそのひとつです。

このように、eスポーツの世界も国際化《こくさいか》が進んでおり、各国で国別の勝者を決め、その勝者が国を代表して世界大会に進出し、世界No.1を決めるというスタイルが定着していくことでしょう。

すでに、日本人のeスポーツプレーヤーが、海外で実施される世界大会で高い成績《せいせき》をおさめることも多くなってきており、今後はますます、海外での日本人選手の活躍《かつやく》が見られるようになることでしょう。

2019 ワールドサイバーゲームズ（WCG）

2019年7月、中国・陝西省西安《せんせいしょうシーアン》で開催《かいさい》された『WCG2019』の決勝戦では
グランドファイナルの6つのタイトルイベントのうち、
中国のプレーヤーが4つの金メダルを獲得《かくとく》した。

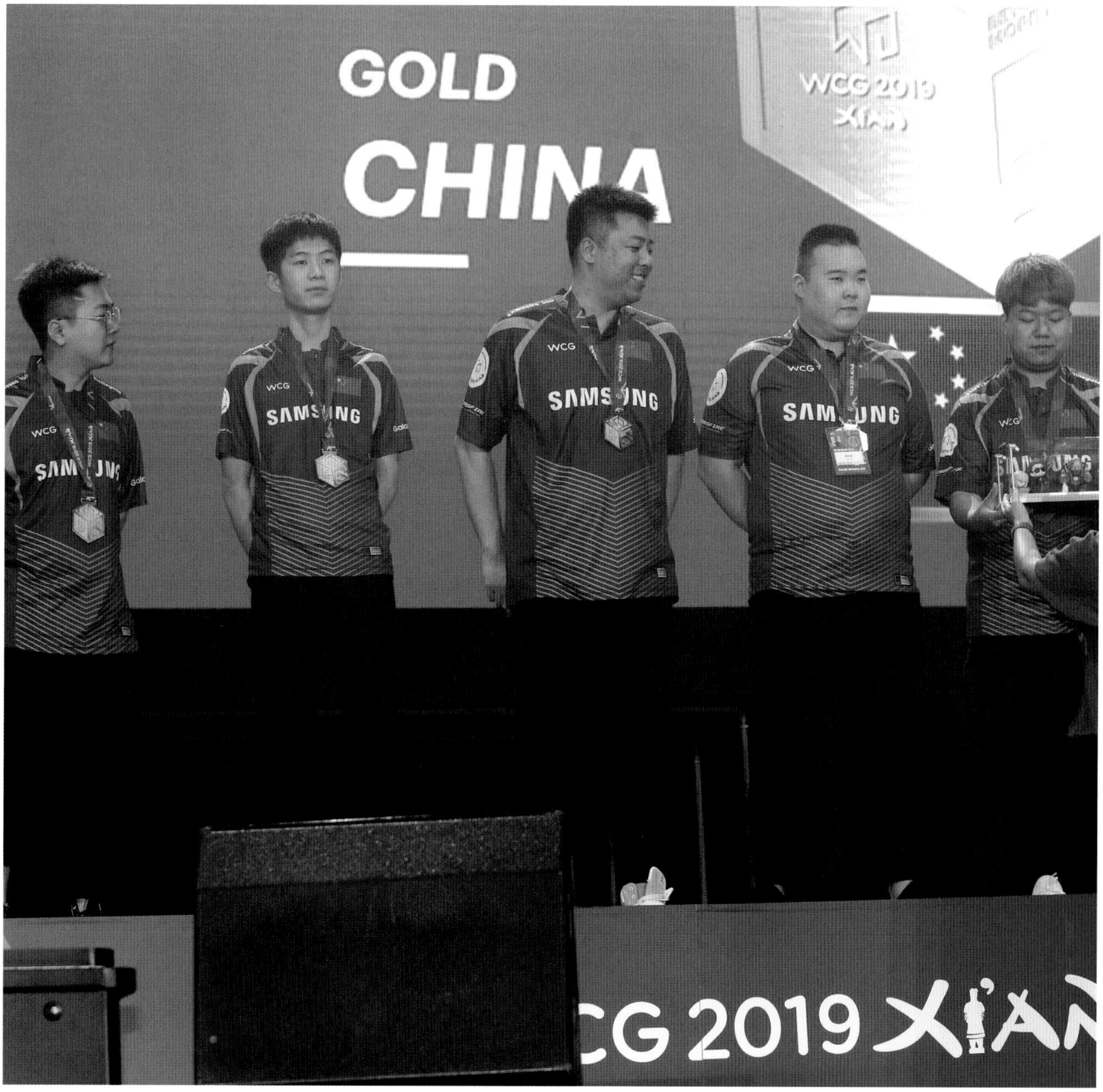

3 主なeスポーツ・イベントの概要《がいよう》

インテル・エクストリーム・マスターズ

『インテル・エクストリーム・マスターズ（IEM）』は、世界的な半導体《はんどうたい》メーカーであるインテル（Intel）と、世界規模《きぼ》のｅスポーツ企業であるESL（Electronic Sports League）が共同で開催《かいさい》するｅスポーツのイベントです。

2006年にはじまった『IEM』は、特定の競技《きょうぎ》種目（ゲームタイトル）だけで開催されるのではなく、開催される年によって競技種目が異《こと》なります。また、開催地も毎年決まった場所（国）で行うのではなく、いろいろな国で開催されます。

たとえば2018年には、韓国《かんこく》・平昌《ピョンチャン》冬季オリンピックに合わせて、平昌で開催され、翌年《よくねん》の2019年には、オーストラリア・シドニーで開催されました。

ワールド・eスポーツ・ゲームズ

中国のIT企業《きぎょう》であるアリババの関連会社であるアリスポーツが主催《しゅさい》する、ｅスポーツ大会が『ワールド・ｅスポーツ・ゲームズ（World Electronic Sports Games：WESG）』です。

2016年にはじまった『WESG』は、125の国と地域から6万人以上が参加する国際的《こくさいてき》なｅスポーツ大会です。

『WESG』は、日本での公式予選大会も開催されており、日本予選公式サイトによれば、前回大会の賞金総額《しょうきんそうがく》は約5.8億円（550万米ドル）で、この大会をインターネットで視聴《しちょう》した人は4億人以上もいたとされています。

チャイナジョイ

『チャイナジョイ』は、もともとはゲームタイトルなどを扱《あつか》う国際博覧会《こくさいはくらんかい》でしたが、ｅスポーツ人気の高まりとともに、さまざまなイベントなどが開催《かいさい》されるようになり、『チャイナジョイ・ｅスポーツコンテスト』というｅスポーツの競技《きょうぎ》会イベントも開催されるようになったのです。

2004年にスタートした『チャイナジョイ』は、その年北京《ペキン》で開催され、2005年からは上海《シャンハイ》での開催が基本《きほん》となっています。

『チャイナジョイ』が開催されるようになった2004年頃《ごろ》は、すでに中国国内のオンラインゲームの利用者が1,000万人を超《こ》えているといわれるほどに、人気が急拡大《かくだい》している時期でもありました。その後もｅスポーツをはじめとするオンラインゲームなどの利用者が増《ふ》えるに伴《ともな》って、『チャイナジョイ』の参加者も増加《ぞうか》を続け、2018 年に開催された『チャイナジョイ 2018』では、来場者が約 34 万人を超えるほどの規模《きぼ》になっていました。

RAGEの主催《しゅさい》大会

RAGE Shadowverse Pro League

Cyber Z とエイベックス・エンタテインメントが運営する「次世代型 esports 大会」である RAGE が主催《しゅさい》する「シャドウバース（Shadowverse）」のプロリーグであり、2018 年から開催《かいさい》されています。1 年間を通じてリーグ戦を戦い、上位の 4 チームがシーズンファイナル（トーナメント戦）を戦い、チャンピオンが決定します。

RAGE GBVS 2020 Summer

RAGE が開催する「グランブルーファンタジーヴァーサス」の公式大会です。こちらも、『RAGE Shadowverse Pro League』同様に、日本を代表するｅスポーツイベントです。

大会予選はオンラインで実施《じっし》され、その後のセミファイナル、グランドファイナルがオフラインで開催されます。

2018-2019 WESG グランドファイナル

2019 年 3 月、中国で『WESG2018-2019 グランドファイナル』が開催《かいさい》された。
世界最大規模《きぼ》のこの大会のファイナルでは、64 か国のプレーヤーが、技《わざ》を競《きそ》い合《あ》った。

全国都道府県対抗《たいこう》 eスポーツ選手権《せんしゅけん》

国体の文化プログラムにeスポーツを採用《さいよう》

1946 年に第 1 回大会が開催《かいさい》された国体（国民体育大会）は、文部科学省・日本スポーツ協会・開催地都道府県の 3 者共催という形で行われます。

2019 年に茨城《いばらき》県で開催された第 74 回大会では、国体の文化プログラムとして、e スポーツが取り上げられました。これが国体関連での全国規模のイベントとしては初となる e スポーツ大会『全国都道府県対抗《たいこう》 e スポーツ選手権《けん》 2019 IBARAKI』となりました。全国の各都道府県で予選を行い、勝ち残った選手が茨城県での全国大会で技《わざ》を競《きそ》いました。

この大会で採用された競技種目（ゲームタイトル）は、「eFootball ウイニングイレブン 2020」、「グランツーリスモＳＰＯＲＴ」、「ぷよぷよ e スポーツ」の 3 つでした。

この大会が成功をおさめたことから、続く 2020 年には、鹿児島において、『全国都道府県対抗 e スポーツ選手権 2020 KAGOSHIMA』の開催が目指されています。

国体の文化プログラムとしてeスポーツ大会が開催《かいさい》された（写真提供：茨城県）

茨城《いばらき》国体の文化プログラムとして、e スポーツ大会は大成功となり、2020 年の鹿児島国体の文化プログラムは中止となったが、同年 8 月時点で『全国都道府県対抗 e スポーツ選手権』としての開催が予定されている。

ぷよぷよ e スポーツ ©SEGA

第 3 章

eスポーツの“今”

1 eスポーツへの企《き》業《ぎょう》の注目度

競技《きょうぎ》人口、観戦・視聴《しちょう》人口が増《ふ》えるeスポーツ

現在《げんざい》の日本は、少子高齢《こうれい》化《か》といって、若《わか》い人よりも、高齢者の割合《わりあい》が増《ふ》えてきています。また日本全体としても人口は少なくなっており、2020年4月時点で約1億2,600万人ですが、2050年には約9,700万人程度《ていど》になると予測《よそく》されています。

そして、人口が減っていくことによって、いろいろな商品・サービスなどの売れ行きが落《お》ち込《こ》んでいく可能性《かのうせい》があることを、多くの日本企業《きぎょう》が心配しています。特に、若者向けの商品・サービスを販売《はんばい》している企業などは、若い人たちに自社の商品・サービスを買ってもらうにはどうすればいいかを常に考えています。

そうした課題を解決《かいけつ》する糸口のひとつが、若い人を中心に競技《きょうぎ》人口が増《ふ》えているeスポーツです。もともとテレビゲームを楽しむ若い人たちにはなじみやすいというeスポーツの特性《とくせい》があります。また観戦する機会についても、YouTube《ユーチューブ》のような動画配信サイトが充実《じゅうじつ》していることで、簡単《かんたん》に観戦できるということもファンを広げています。

eスポーツに関する分析《ぶんせき》などのサービスを提供《ていきょう》するオランダのNewzoo社によれば、2018年時点で競技人口と観戦・視聴《しちょう》者《しゃ》をあわせた人口は約3億9,500万人に達し、2022年には約6億人を突破《とっぱ》するだろうと予測されています。

垣根《かきね》を越《こ》えて人気が高まるeスポーツの可能性《かのうせい》

若《わか》い人たちを中心に人気が高まっているeスポーツですが、プレーヤーは若い人が中心であっても、それを会場で観戦したり、インターネット上で視聴《しちょう》したりする人は、若い人に限《かぎ》らず、中高年にも観戦者や視聴者が広がっています。

eスポーツの大きなイベントなどがあると、保護者《ほごしゃ》が付《つ》き添《そ》いで観戦に足を運ぶケースが少なくないのと、親世代の人たちでも、ファミコンなどの家庭用テレビゲーム機で遊んだ経験《けいけん》のある人たちが多く、そういう人たちが年齢層の幅を広げている理由のひとつとなっています。

また、eスポーツ本来の醍醐味《だいごみ》である、熟練《じゅくれん》したプレーヤーの高度なテクニックなどを見られることが人気で、“自分ではプレーすることはないが、観戦が好き”という人も確実《かくじつ》に増《ふ》えているのです。

さらにいえば、YouTube《ユーチューブ》などの動画配信サイトや、eスポーツの動画を配信する

専門《せんもん》のサイトなどがあり、世界中で行われるｅスポーツ大会などを、自宅《じたく》からでも観戦できる環境《かんきょう》が整っていることから、その手軽さによって、観戦者・視聴者人口が増える傾向《けいこう》にあります。

企業《きぎょう》の注目度がeスポーツへの注目度にもつながる

このように、世界的規模《きぼ》で競技《きょうぎ》人口や観戦者・視聴者《しちょうしゃ》人口が増《ふ》えることによって、企業《きぎょう》がｅスポーツに注目するようになっています。特に、観戦者や視聴者など、ｅスポーツを“見る人”が増えれば、そこに広告を出して、自社の商品をより多くの人に知ってもらうことができるからです。

日本を代表するお菓子《かし》のメーカーや、世界的な清涼《せいりょう》飲料メーカーをはじめ、目薬などを販売《はんばい》する製薬《せいやく》メーカーや健康食品メーカーなどが、ｅスポーツの大会を支援《しえん》するなどの動きが広がっており、ｅスポーツのイベントなどには一定の広告宣伝《せんでん》の効果《こうか》があると認《みと》められるようになってきています。

こうして、ｅスポーツイベントなどで広告宣伝をする企業などが増えれば、ｅスポーツ業界がさらに発展《はってん》していくことにもつながるのです。

■eスポーツの大会会場を埋《う》めつくす観客（2018-2019 WESGグランドファイナル）

『WESG』のような、世界規模《きぼ》の大きな大会になると、何千人、何万人という観客が集まり、またオンラインでの視聴数《しちょうすう》も膨大《ぼうだい》になるので、企業《きぎょう》などの広告効果《こうこくこうか》も期待できる。

プロスポーツ団体《だんたい》も
eスポーツに注目

野球やサッカーといったプロスポーツの団体《だんたい》も、eスポーツに注目しています。中には積極的にeスポーツの大会などを後《あと》押《お》しする団体もあります。

かつて、日本のプロスポーツは野球が圧《あっ》倒的《とうてき》に人気でした。しかし、今日では、サッカーやバレーボール、バスケットボール、テニスなどのプロスポーツの注目度が高まるなど、スポーツファンの分散が見られるようになっています。

野球やサッカーなどは、特にそうした影《えい》響《きょう》を受けて、ファンの数が大きく減《へ》っているというのが実情《じつじょう》です。

そのため、野球やサッカーのプロスポーツ団体などは、eスポーツをきっかけとして、フィジカルのプロスポーツに関心を持ってもらおうという取り組みをスタートさせているのです。

Jリーグでは、『FIFA 20 グローバルシリーズ eJ.LEAGUE』というeスポーツの大会を主催《しゅさい》しています。

この大会は、サッカーのビデオゲームである「FIFAシリーズ」を使って行われ、優勝《ゆうしょう》すると国際《こくさい》サッカー連盟《れんめい》（FIFA）が主催する公式eスポーツ大会の世界予選に出場することができるのです。

また、日本のプロ野球12球団と、日本野球機構《きこう》（NPB）は、「eBASEBALL パワプロ・プロリーグ」と「NPB eスポーツシリーズ スプラトゥーン2」を使ったeスポーツの大会を主催しています。

プロ野球でも、プロサッカーでも、プロ選手として活躍《かつやく》できるのはほんのひと握《にぎ》りですが、こうしたプロスポーツは、大勢《おおぜい》のファン（観戦者・視聴者《しちょうしゃ》）がいることで業界が成り立っているのです。eスポーツを見て、“野球って、おもしろい”とか“サッカーって、おもしろい”と思ってもらえれば、いずれはフィジカルの野球やサッカーを見に来てくれるだろう、と考えているのです。

日本のプロ野球、プロサッカーなどのファン人口の推移《すいい》

フィジカルスポーツのファン人口は減少傾向《げんしょうけいこう》!?

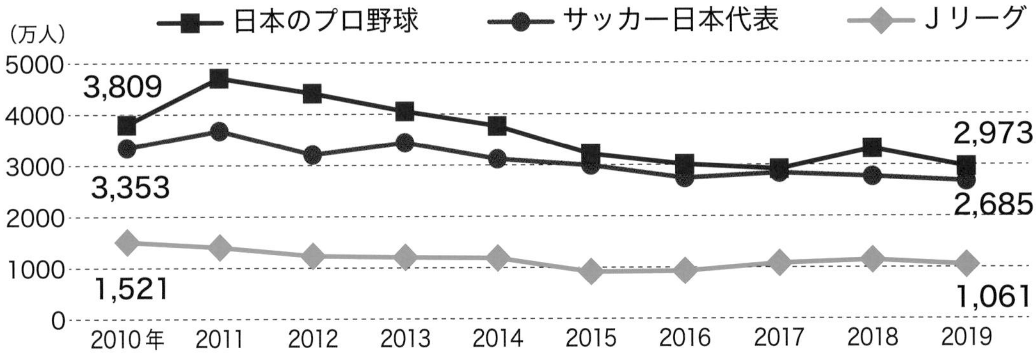

出典：三菱《みつびし》UFJリサーチ＆コンサルティングとマクロミルによる共同調査《ちょうさ》「2019年スポーツマーケティング基礎《きそ》調査」より

2　eスポーツ大会の賞《しょう》金《きん》

海外では高《こう》額《がく》賞《しょう》金《きん》が出る大会が多い

世界各国で、いろいろなｅスポーツの大会が開催《かいさい》されています。

ｅスポーツのはじまりは、ゲームの好きな仲間が集まって、みんなで楽しむことが目的でした。

しかしプレーヤーが増《ふ》え、そうしたプレーヤーたちの対戦を観戦したいという人たちが増えたことで、ｅスポーツのイベントには、多くの人が集まるようになりました。そこで、大きな宣《せん》伝《でん》効《こう》果《か》があるということで、多くの企《き》業《ぎょう》が注目するようになり、多《た》額《がく》のお金を提供《ていきょう》してくれるようになったことで、ｅスポーツの大会では、高額の賞金《しょうきん》を出せるようになったのです。

ｅスポーツ自体が広く知られるようになってくると、各種のｅスポーツ大会の参加プレーヤーや観戦者も増え、それに伴《ともな》って賞金の額もどんどん高くなっていきました。

2019年8月に開催された、「DOTA2」の世界大会である『The International 2019』では、賞金総額《そうがく》が約36億円にものぼり、優勝賞金は約16.4億円という高額なものでした。

プロテニスの世界大会である「ウインブルドン選手権」のシングルスの優勝賞金が約3億円ほどであることと比較《ひかく》すると、この優勝賞金16.4億円がどれだけすごい金額なのかがわかると思います。

大会では高額賞金《こうがくしょうきん》も

ｅスポーツ大会の中には、優勝賞金《ゆうしょうしょうきん》が16億円というものも登場してきている。

優勝賞金《ゆうしょうしょうきん》１億円超《ご》えは めずらしくない

現在《げんざい》のｅスポーツの世界大会では、優勝《ゆうしょう》賞金《しょうきん》が１億円を超《こ》えるような大会は、決して特別なものではなくなりつつあります。

バトルロイヤルゲーム「フォートナイト(Fortnite)」の世界大会である『Fortnite World Cup』では、ソロチャンピオンの賞金が約３億円超《ちょう》となりました。

さらに、MOBAタイトル「リーグ・オブ・レジェンド」の世界大会である『2018 World Championship』では、優勝賞金は約２億６千万円でした。

また、１億円超えはしていないけれども、数千万円の優勝賞金が用意されているeスポーツ大会ということでいえば、『WESG 2017（World Electronic Sports Games 2017）』の約8700万円（約80万米ドル）、『Hearthstone World Championship 2019』の約2700万円（25万米ドル）、バトルロイヤルゲーム「PLAYERUNKNOWN'S BATTLEGROUNDS」の世界大会『PUBG Global Invitational 2018（PGI 2018）』で約4300万円（約40万米ドル）などを挙げることができます。

日本でも、高額賞金《こうがくしょうきん》の出る大会がはじまっている

さて、これまで見てきたのは海外で実《じっ》施《し》されているｅスポーツの世界大会です。

海外では高額賞金《こうがくしょうきん》が用意されたｅスポーツ大会がたくさんあるのですが、これまでの日本では、そうした大会は多くはありませんでした。

これは、ひとつには法律《ほうりつ》の違《ちが》いにより、日本では高額賞金を出すことができないことが原因《げんいん》でした。

たとえば、海外ではｅスポーツの大会に参加するにあたって、参加費《さんかひ》が必要になるものがあります。その参加費で、入賞者に賞金が支払《しはら》われるというタイプの大会は少なくありません。人気の高いゲームタイトルを使った大会であれば、参加者が増《ふ》えるので、参加費も多くなり、結果的に賞金額が増えるということになるわけです。

しかし日本では、賞金の一部が参加者の支払った参加費でまかなわれていると、それは賭博罪《とばくざい》という犯罪行為《はんざいこうい》にあたるとされるのです。そのほか、景品表示法などのいろいろな法律の規制があることによって、日本では海外で行われているような高額賞金を出す大会は開催《かいさい》できなかったのです。

しかし、2015年に設立《せつりつ》された「日本ｅスポーツ連合（Japan esports Union：JeSU)」をはじめとする関係者の努力もあって、最近では比較的高い賞金が出されるｅスポーツ大会が日本でも開催されるようになってきているのです。

2018年に開催されたシャドウバースの世界大会である『Shadowverse World Grand Prix 2018』では、日本国内では最高額となる、優勝賞金100万ドル（当時の日本円で約１億１千万円）が設定されました。

ちなみに、この大会では、日本人のプロ

eスポーツ選手である「ふぇぐ」選手が優勝し、優勝賞金を手にしました。

このように、日本でも高額賞金を出す大会が増《ふ》えはじめてきました。これからも高額賞金の出る大会が増えることでしょう。

たとえば、日本eスポーツ連合（JeSU）の公認《こうにん》大会である『RAGE GBVS 2020 Summer』では、優勝者《ゆうしょうしゃ》に対して、賞金として300万円が用意されています。

このように、eスポーツそのものが、もっともっと普及《ふきゅう》していって、競技《きょうぎ》人口や観客数などが増加《ぞうか》していけば、より高額の賞金が用意される日本国内の大会なども増えていくことでしょう。

eスポーツタイトルの賞金ランキング

順位	タイトル名	賞金総額
1位	ドータ2	約237億円
2位	カウンターストライク	約100億円
3位	フォートナイト	約98億円
4位	リーグオブレジェンド	約80億円
5位	スタークラフトⅡ	約35億円
6位	PUBG	約25億円
7位	オーバーウォッチ	約23億円
8位	ハースストーン	約22億円

※すべての国際大会の賞金を合計したもの。日本円換算は、1ドル=105円で計算。
EsportsEarningsのWebサイトより引用　https：//www.esportsearnings.com/games

日本の大会における賞金ランキング

順位	大会名	賞金総額
1位	シャドウバース ワールド グランプリ 2018	約1億3千700万円
2位	モンスターストライク グランプリ 2019	約1億円
3位	リーグオブレジェンド ジャパンリーグ 2019 サマー	約2千700万円
4位	荒野《こうや》行動チャンピオンシップ	約2千500万円
5位	PUBG ジャパンシリーズ ウインター インビテーショナル 2018	約1千万円

※ドルによる賞金額については、1ドル105円で日本円に換算。
※各大会の公式ホームページ等の情報により作成。

3 eスポーツ専《せん》用《よう》の機器で、eスポーツをより楽しく!!

使用機器によって、勝敗が変わる!?

eスポーツを楽しむために必要なものには、ゲームソフト、パソコン（PC）またはゲーム機、そしてモニター（ディスプレイ）やコントローラーや、通信回線に接続《せつぞく》するための機器などです。

こうした機器の中には、eスポーツなどで使用することを目的に作られた専用《せんよう》の機器もあります。ゲーミングデバイスと呼ばれるものです。ゲーム用のパソコン（PC）は「ゲーミングPC」。ゲーム用のモニターは「ゲーミングモニター」などと呼《よ》ばれます。

たとえば、ごく一般的《いっぱんてき》なPCと、ゲーミングPCを比較《ひかく》すると、ゲーミングPCといわれるもののほうが、性能《せいのう》が高くなっています。ゲームの画像《がぞう》をすばやく表示《ひょうじ》するためのグラフィックボードといわれる部品がより高性能であったり、そもそものPCの頭脳《ずのう》にあたるCPUという部品が、高性能のものだったり、ということです。

格闘ゲームであれば「アケコン」と呼ばれるコントローラーも重要です。また、ゲームによっては対戦時間が長時間に及《およ》ぶこともあるため、長時間ゲームをしても疲《つか》れにくいイス（ゲーミングチェア）なども販売《はんばい》されています。

eスポーツの上級者ともなれば、1秒に満たないわずかな時間差が勝敗を分けることになるため、より反応《はんのう》が早く、より精度《せいど》が高い機器を使いたいと考えます。

eスポーツの大会によっては、より公平性を期するため、使用するデバイスや、使用してもよいコントローラーなどに制限《せいげん》のある場合もあります。たとえば、使用するデバイスはプレイステーション4で、コントローラーについてはプレイステーション4の正規《せいき》ライセンス品のみ、といった規定がある場合もあります。

しかし、そうした規定がない場合は、自身が使《つか》い慣《な》れたデバイスなどの機器を使うことができます。

■アーケードゲームと同じ操作性のアケコン

アケコンは、普通のコントローラーより大きく、すばやく小さな動きにも反応する。

ゲームに勝つための ゲーミングPC（パソコン）

ゲーミングPCとは、その名の通り、ゲームをすることに適《てき》したパソコンのことです。

最近のゲームは、CGの表現《ひょうげん》が高精細《こうせいさい》になっています。そのため映像《えいぞう》などを表示《ひょうじ》する際に、パソコンにとても重い画像処理《しょり》をさせることになります。一般的《いっぱんてき》なパソコンでも、カラー写真や動画（映画など）を表示することはあるので、ある程度《ていど》の画像処理はでき、通常は写真画像の表示に多少時間がかかってもそれほど問題にはなりません。しかし、eスポーツ のような、1秒以下の時間差を競《きそ》うようなシーンでは、画像表示や動画再生《さいせい》の際の動きがちょっと遅いだけでも、ゲームの勝敗を分けてしまいます。そのため、ゲームの動きや表示のスピードが遅《おそ》くならないように、高性能の部品を備《そな》えたパソコンが必要です。その点に配慮《はいりょ》されたパソコンがゲーミングPCなのです。もちろん、ゲーミングPCだからといって、ゲーム以外のことができないというわけではなく、一般的なパソコンとして利用できることはいうまでもありません。

ゲーミングパソコンで、特に重視《じゅうし》されるのは、「グラフィックボード」、「CPU」、「メモリ」などです。

グラフィックボードは、映像処理に関連する部品で、性能の高いものを使うことで、よりきれいに、よりスピーディーに映像を表示できます。

CPUとは、パソコンのもっとも基本的《きほんてき》な部品であり、より高性能のものであれば、コンピューターとしての計算能力《のうりょく》が高くなります。

メモリとは、パソコンがどれほど大量の情報《じょうほう》を、どれだけ短時間のうちに処理できるかを決める重要な部品です。メモリが大きければ大きいほど、一度に処理できる情報の量が増《ふ》え、パソコン自体の動作がスムーズになります。

ゲーミングPCは、ゲーム用パソコンとして完成したものも販売《はんばい》されていますが、上級者になると、BTO（Build To Ordar：受注生産《せいさん》）パソコンと呼《よ》ばれるような、自分で部品を選び、メーカーなどに作ってもらうものもあります。

最近では、どのゲームに使うのかによって、ゲームミングPCを選べるようにもなっています。

ゲーム用に高《こう》性《せい》能《のう》化《か》された ゲーミングスマホ

ゲーミングPCと同様に、ゲームをすることを前提《ぜんてい》として、より使いやすい、高機《こうき》能化《のうか》されたスマートフォンがゲーミングスマホです。

一般的《いっぱんてき》なスマホとゲーミングスマホの違《ちが》いは、PCと同様に情報《じょうほう》の処理《しょり》能力や、ディスプレイの表示《ひょうじ》能力などが高機能化されているかどうかです。排熱性能《はいねつせいのう》も重要視《じゅうようし》されます。スマホは長時間熱を持ち続けると、バッテリーが劣化《れっか》したり、CPUが熱暴走《ねつぼうそう》という動作停止《ていし》を起こしてしまうなどの問題が発生するので、注意が必要です。

最近はスマホ用ゲームであっても、画像《がぞう》が高画質化しており、またスマホの画面サイズも大型化《おおがたか》していますので、ゲーム映像《えいぞう》をよりきれいに、滑《なめ》らかな動きを再現《さいげん》できる画像処理能力や、高速処理が可能《かのう》な高性能CPU、さらに優《すぐ》れた排熱性能を搭載《とうさい》しているものが登場してきています。

さらに、ゲーミングスマホでは、長時間のプレーにも耐《た》えられるように、バッテリーの性能などにこだわる人もいるようです。

プレーヤーの速い キータッチに対応《たいおう》できる ゲーミングキーボード

ゲーミングPCを使う場合には、入力装《そう》置《ち》としてのキーボードは不可欠《ふかけつ》です。もちろん、一般的《いっぱんてき》なパソコンを購入《こうにゅう》する際《さい》にも、キーボードは付属品《ふぞくひん》としてついてきますが、そうした一般的なキーボードよりも、ゲーミングキーボードは精密《せいみつ》に作られています。

たとえば、プレーヤーが2つ以上のキーを、まるで同時に押したように見えるほど素早《すばや》く押《お》したとします。通常のキーボードではそれにきちんと反応できるキーの数は限られていますが、ゲーミングキーボードには10キー、あるいは20キー、さらにすべてのキーを素早く押したとしても、その押した順番に対し正確に反応できる機能があるのです。

また、キーボードのキーは、指などで押し込《こ》んだ時に、キーについているスイッチがオンになり、反応しますが、一般的なキーボードの場合は、キーをオンにするためには約2.2ミリ押し込む必要があります。しかし、ゲーミングキーボードの場合、約1.5

■ゲーミングキーボードは素早《すばや》く反応《はんのう》する

ゲーミングキーボードは、一般的《いっぱんてき》なキーボードに比《くら》べて、浅《あさ》く押《お》しても反応《はんのう》する。

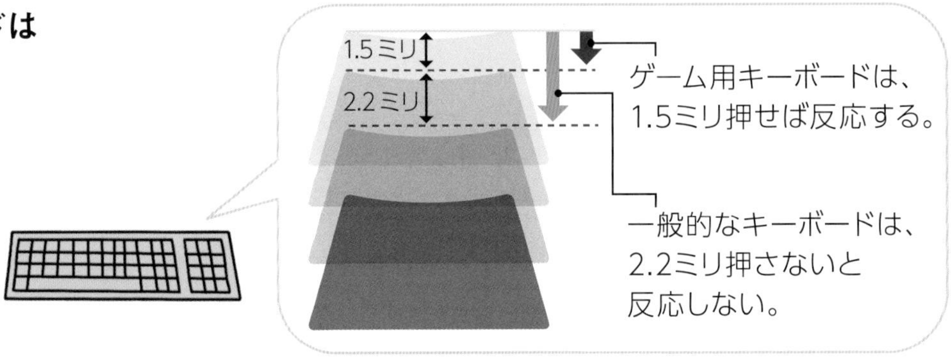

ミリ押し込むだけで反応するものなどがあります。

eスポーツ では、ゲームによっては1秒間に何十回とキーボードを叩《たた》く動作があります。そうした高速のプレーに瞬時《しゅんじ》に反応する性能《せいのう》が、ゲーミングキーボードには求められるのです。

速くて激《はげ》しい動きに対応《たいおう》できるゲーミングマウス

ゲーミングマウスの重要なポイントは、なんといっても応答《おうとう》速度です。マウスを操《そう》作《さ》することによって、その情報《じょうほう》がパソコンにデータ送信され、それによってゲームのコマンドが実行されたりするわけです。そのため、応答速度が速ければ、同じタイミングで攻撃《こうげき》をしたとしても、相手よりも速く攻撃できることになり、逆《ぎゃく》の場合は、同時に攻撃したとしても相手より遅《おそ》くなってしまうわけです。つまり、マウスの応答速度の違いが、勝敗を分けることもあるということになります。

また、マウスを動かした時の移動《いどう》感度もゲーミングマウスでは重要です。移動感度は、DPI（ドッツ・パー・インチ）などの数値《すうち》で表現《ひょうげん》されますが、この値《あたい》が高いほど小さい動きで大きくマウスポインターを移動できるのです。操作スピードが勝敗を決めるようなゲームの場合には、とても重要な性能です。

ゲーミングマウスについても、多種多様なものが販売されており、シューティングゲーム向きのマウスや、MMORPG（大規《だいき》模《ぼ》多人数同時参加型《がた》オンラインRPG）向きのマウスなど、ゲームのタイプに合わせたマウスも登場しています。

■ゲーミングマウスの特徴《とくちょう》

一般的《いっぱんてき》なマウスは、右クリック用、左クリック用の2個《こ》のボタンがあるくらいだが、ゲーミングマウスの場合、ボタンが表面に9個もあるマウスや、側面だけで12個もあるマウスもある。各ボタンにゲームでよく使う機能を割《わ》り振《ふ》れるので、操作《そうさ》が速くなる。

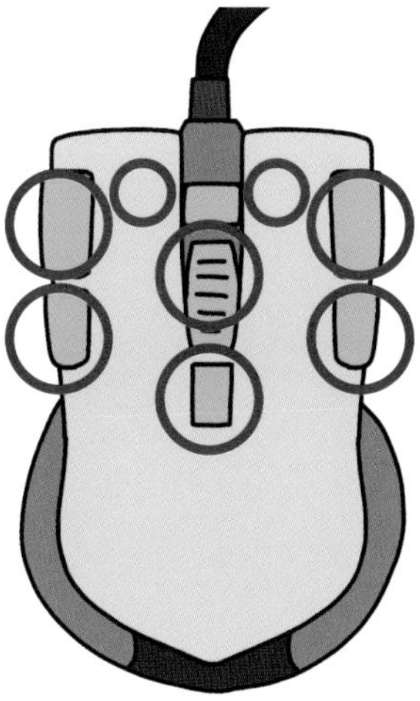

表面に9個《こ》のボタン

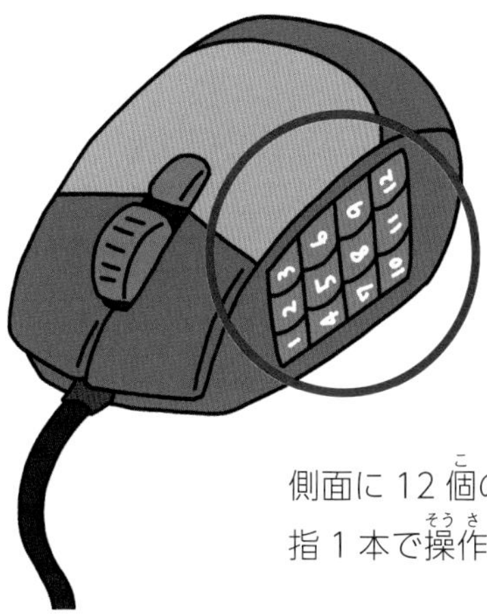

側面に12個《こ》のボタンがあり、指1本で操作《そうさ》できる

その他のゲーミングギア

ゲーミングヘッドフォン

eスポーツのゲームタイトルの中には、複数人《ふくすうにん》がチームを組んでプレーするものもあります。オンライン対戦などの場合は、ボイスチャットという仕組みを使って、チームメイトと会話をしながらゲームを進めることもあるので、そうしたゲームで使うためにはマイクがセットになっていることが必要です。このタイプのヘッドフォンは、特に「ヘッドセット」と呼ばれることがあります。

またシューティング系《けい》のeスポーツなどの場合、音はとても重要な要素《ようそ》で、ちょっとした物音などで敵《てき》の位置をすばやく予測《よそく》できるかどうかが勝負の分かれ道になることもあります。そのため、そうした音を確実《かくじつ》に再生《さいせい》できる性能《せいのう》がゲーミングヘッドフォンには求められるのです。

また、スマートフォンを使っているような場合は、そもそもスマートフォンに内蔵《ないぞう》されているスピーカー自体が音の再現性《さいげんせい》が低いので、専用《せんよう》のヘッドフォンは必要なゲーミング機器といえるでしょう。

ゲーミングチェア

eスポーツでは、対戦が長時間に及《およ》ぶことがあります。長く同じ姿勢《しせい》をとり続けていても、疲《つか》れにくいような設計《せっけい》が施《ほどこ》されているのが、ゲーミングチェアです。

一般的《いっぱんてき》に仕事などに使われるオフィスチェアにはない機能などを備《そな》えたものが多く、たとえば、170°リクライニングが可能《かのう》なものや、首を支《ささ》えるヘッドレストや足の疲れを減《へ》らすフットレストがついたもの、さらにはスピーカーやマッサージ機能がついたゲーミングチェアなども登場してきています。

■ゲーミングチェア

長時間、ゲームをしていても疲《つか》れないような設計《せっけい》などが施《ほどこ》されている。

写真：GTRACING　GT002-BLUE
※ゲーミングチェア「GTRACING」は、GTRACING JAPANの商品です。

4 eスポーツ専用施設《せんようしせつ》で、プロのゲーミングを体験

ゲームに適《てき》した環境《かんきょう》が用意された専用施設《せんようしせつ》が登場

本格的《ほんかくてき》な機器を使ってｅスポーツを楽しみたいというプレーヤーのために、最近では、専用《せんよう》の設備《せつび》が全国に登場しはじめました。

こうしたｅスポーツ施設《しせつ》の特徴《とくちょう》は、ゲーミングPCをはじめとした本格的な機器や、ゲームソフトが用意されていて、その施設に行けば、すぐにｅスポーツを楽しむことができる点にあります（施設によって利用の条件《じょうけん》などが異《こと》なります。事前に、自分のゲームアカウントを作っておく必要があるなどの制約《せいやく》がある施設もありますので、注意してください）。

大きなｅスポーツのイベントが開催《かいさい》されたり、プロのｅスポーツプレーヤーによる講習会《こうしゅうかい》が開催されるようなところもあります。

全国の主な施設紹介《しせつしょうかい》

1 esports STADIUM SAPPORO

所在地　北海道札幌《さっぽろ》市中央区南４条《じょう》西５丁目８－８ アイビルⅡ 7F

本格的《ほんかくてき》なｅスポーツ施設《しせつ》としては、北海道初といわれる施設です。

高性能《こうせいのう》PCを始めとした各種の機材が用意されており、Fortnite（フォートナイト：バトルロイヤルゲーム）・DOTA2（ドータ２：MOBA）、STREET FIGHTER V（ストリートファイター：格闘《かくとう》ゲーム）・Shadowverse（シャドウバース：カードゲーム）など、ｅスポーツの主だったタイトルを楽しむことができます。

写真提供：esports STADIUM SAPPORO

2 e-sports SQUARE AKIHABARA

所在地 東京都千代田区外神田 3-2-12
Box'R AKIBA ビル 2F

2011 年に千葉県市川市でオープンし、2014 年に秋葉原へ移転《いてん》した、日本初の e スポーツ専用施設《せんようしせつ》です。PC をつなぐ LAN 環境《かんきょう》のほか、映像《えいぞう》・音響《おんきょう》・照明《しょうめい》・撮影《さつえい》機材を常備《じょうび》し、経験豊富《けいけんほうふ》なスタッフが年間 180 本以上のイベントを企画《きかく》・運営《うんえい》しています。

会場は、イベントにあわせてレイアウトの変更《へんこう》やさまざまな演出《えんしゅつ》が可能《かのう》です。また、バーカウンターが併設《へいせつ》されているので、飲食を楽しみながら交流を図るイベントにも最適《さいてき》です。

写真提供：e-sports SQUARE AKIHABARA

3 ルフス池袋 イースポーツアリーナ

所在地 東京都豊島区東池袋 1-43-6
D-BOX 地下 1 階

2018 年 4 月にオープンした関東最大級の e スポーツ施設《しせつ》です。高性能《こうせいのう》のゲーミング PC が 80 台設置可能《せっちかのう》なプレイングルームの他、10 人対 10 人のチーム戦が可能なボックス型選手席、さらには 140 インチの大型マルチディスプレイが設置された「ステージ」などが完備されています。リーズナブルな料金設定も魅力《みりょく》。個人《こじん》利用の他、さまざまな e スポーツの大会やイベントなども実施《じっし》されています。

写真提供：ルフス池袋 イースポーツアリーナ

4 コミュファ eSports Stadium NAGOYA

所在地 愛知県名古屋市中区栄 3-29-1
名古屋パルコ東館 7F

2019 年 11 月に名古屋パルコ東館 7 階にオープンした、中部地域《ちいき》で初の本格的《ほんかくてき》な常設《じょうせつ》e スポーツスタジアムです。コミュファ光 10G サービスを利用した高品質《こうひんしつ》・低遅延《ていちえん》な通信環境《かんきょう》で、高機能《こうきのう》なゲーミング PC を最大 20 台設置《せっち》。1 時間から利用できる個人《こじん》向けブースのほか、最大 5 名まで利用可能《かのう》な独立《どくりつ》した配信ブースもあります。また、200 インチを超える LED ビジョンや、最大 100 名まで観戦可能なスペースなど、大規模《だいきぼ》イベントにも最適《さいてき》です。

写真提供：コミュファ eSports Stadium NAGOYA

5 その他の e スポーツ施設《しせつ》

	施設《しせつ》名	住所	特徴《とくちょう》
1	e-Sports Space「BASARA」	宮城県仙台市《せんだいし》青葉区 一番町三丁目 11 － 15 仙台フォーラス 6F	東北地方の e スポーツ活性化を目指し、2020 年 8 月にオープン。ほぼ同時に e スポーツチーム「BASARA GAMING」も始動しました。
2	NSG esports スタジアム	新潟市中央区古町通《ふるまちどおり》7 番町 NSG スクエア 1 階	学校法人を運営する NSG グループが開設。e スポーツ関連の学科等で使用するほか、一般《いっぱん》の方の利用、各種大会やイベントも予定しています。
3	Oyamazaki esports base-ment.	京都府乙訓郡《おとくにぐん》 大山崎町字円明寺《おおやまざきちょうあざえんみょうじ》 若宮前《わかみやまえ》10 - 62	対戦格闘《かくとう》ゲームやデジタルカードゲームなど、競技型ゲームの対戦会を平日に隔週《かくしゅう》で開催《かいさい》。交互《こうご》に隔週でスペース貸し出しも行っています。
4	REDEE WORLD	大阪府吹田市《すいたし》 千里万博公園《せんりばんぱくこうえん》2-1 EXPOCITY 内「REDEE」	2020 年 3 月、万博記念公園に隣接《りんせつ》する大型複合施設《しせつ》「EXPOCITY」内にオープン。日本最大級の e スポーツを体験できる施設です。
5	esports studio KAGOSHIMA	鹿児島県鹿屋市向江町《かのやしむかえちょう》7-1	2020 年 2 月にオープンした、鹿児島県初の本格的 e スポーツカフェ。スムーズなプレイが楽しめるよう、複数の高速回線を導入しています。
6	e-sportsLab	沖縄県那覇市松尾《なはしまつお》2-23-7 KAMIMOTO BLD 101 号	沖縄県初のハイスペック PC を常備《じょうび》した e スポーツプレイエリア。e スポーツプレイヤーの増加とレベル向上、プロ選手の育成に努めています。

インターネットの情報に基づいて作成（2020 年 9 月 5 日時点）

さくいん

アルファベット

あ

か

さ

た

な

は

ま

ら

わ

●監修

筧 誠一郎（かけひ せいいちろう）

1960年、東京生まれ。成城大学法学部卒業。eスポーツコミュニケーションズ株式会社会長、東京都eスポーツ連合会長、中央大学国際情報学部講師。
1983年、株式会社電通に入社。主に音楽・ゲームを中心としたエンタテインメント事業に従事。2006年にeスポーツの存在を知り、その魅力と可能性について全国の企業・大学・官公庁などで講演。2010年、電通を退社し、様々なeスポーツイベントやeスポーツ施設、eスポーツテレビ番組のプロデュースなどを行う。
著書に『eスポーツ論 ゲームが体育競技になる日』（ゴマブックス）、『eスポーツ地方創生～日本における発展のかたち～』（白夜書房）他。

●装丁

村口敬太（Linon）

●編集協力

図書印刷株式会社／有限会社オズプランニング

●本文デザイン・DTP・イラスト

有限会社オズプランニング

●写真提供

カバー・表紙　picture alliance/ アフロ
本扉　PIXTA
本文　11（4点）・13（3点）・17・39ページ　PIXTA
8ページ　AP/ アフロ
19ページ（2点）　picture alliance/ アフロ
27・29・33ページ　アフロ

ISBN 978-4-7999-0386-5 NDC798.5 48p 293 × 215mm

eスポーツはじめて事典

1　eスポーツって、なに？

2020年10月　初版第1刷発行　　2022年2月　第2刷発行
監　修　筧 誠一郎
発行者　水谷 泰三
発行所　株式会社**文溪堂**
〒112-8635　東京都文京区大塚3-16-12
TEL 営業　（03）5976-1515　　編集　（03）5976-1511
ホームページ　https：//www.bunkei.co.jp
印刷・製本　図書印刷株式会社